ATHÉNÉE FRANÇAIS

POUR APPRENDRE
A BIEN PRONONCER

アテネ・フランセ
フランス語の発音

監修　松本 悦治
著者　福井 芳男

早美出版社

本書「フランス語の発音」には別売のCDがあります.
フランス語の発音CD [ISBN978-4-86042-095-6 C3885 ¥1600E]
本体価格 1600円（税別）

フランス語の勉強と発音

　私たちがフランス語を学ぶときにまず気になるのは，フランス語を話して通じるかどうか，従って発音が正しいかということです．けれども発音が正しいと一口で言いますが，フランス語の会話では母音・子音をすべて正確に発音するということでは不十分なのです．フランス人は外国人の話すフランス語をほめる場合，「貴方はアクサンなしに話す」という表現をしますが，これによってわかるように，外国人らしいアクサンがないということが最も大切なことであり，個々の単語の発音ばかりでなく，文章のリズムとイントネーションがいかに大切であるかを如実に表していると思います．アテネではCREDIF教室をはじめとして個々の細かい事項を分析しないで，フランス人の正しい発音を耳から聞き，それと同じように口で再現する練習をするクラスが大部分をしめています．これはフランス語の自然のリズムを global な方法で習得させるためで，これが最も自然な学び方と言えましょう．

　しかし同時に私たち外国人がある年令に達してから，外国語としてのフランス語を学ぶのに科学的で系統的な説明を求めるのは当然なことですし，その要領を手際よく教えられる先生や入門書は貴重なものと言わねばなりません．ですから，アテネでは以上の多くのクラスと同時に「発音クラス」も設けられているわけです．

　フランス語の発音は何と言っても始めが肝腎で，誤った入門書や不完全な指導に頼りますと，ディドローのいうように「覚え直すのに覚えるのと同じ時間を必要とする」ものです．ですからdésapprendre（学んだことを忘れること）の必要がないように本書の注意をよく読んで守り，最初からよい習慣をつけてください．またクラスに出席する場合も，なるべくひとりの先生でなく二人以上の先生のアクサンに慣れることも大切だと思います．

　みなさんも単にフランス語が通じるばかりでなく（すでに通じるというだけでもちろん大したことですけれども），未知のフランス人から Vous parlez français sans accent!（貴方はアクサンなしでフランス語を話す）と言われるようになってくださることを期待します．

アテネ・フランセ校長　松本　悦治

フランス語の発音
（ 序に代えて ）

「ことば」というものは，常に独自のひびき，リズム，美しさを持っているものです．美しい「ことば」とされているフランス語も，その美しさの多くを音の流麗さに負っています．それゆえ正しい発音のしかたを学ぶことは，フランス語の美しさに一歩でも近づくことなのです．それだけではありません．フランス語の学び始めに正しい発音習慣を身につけることは，後になってもなかなか抜けない悪いくせをつけないためにぜひ必要です．しかも最初のうちにフランス人に少しでも自分の言いたいことを理解させるとずいぶん自信がつくものです．それゆえ最初から，そして機会あるごとに正しい発音を覚え，習慣づけることが必要です．

こういった発音習慣の獲得のために，まず大切なことは日本語の発音習慣をできるだけ忘れるよう努めることです（英語の発音などは完全に忘れてほしいものです）．フランス語の発音はその内部でひとつの体系を作っているのです．日本語の体系の中に組み込んで考えないこと．つぎにイントネーション，全体のリズム感を重要視してください．個々の発音も大切ですが，このリズムをつかまえることは，アクセントの置かれる重要な語の把握が早くなることですから，会話の進歩につながります．はじめは分解して個々の音を勉強しますが，中心は文のリズムであるべきなのです．

ともかく毎日大きな声で発音する練習を欠かさないことが，進歩につながることをお忘れなく．

編　者

アテネ・フランセの学生は常にフランス人の先生に接する機会に恵まれていますので，先生の発音のリズムをよく聞いてください．

勉強のしかた

1. 基本的な母音，子音の発音のしかたがわかったら，たくさんの文章を声を出して言ってみることにしましょう．例ならびに練習はくり返しやってみるように．

2. つづり字は，できれば文や単語の発音をある程度覚えてから書いてみて，最初のうちは自然に覚えていくほうが理想的です．しかし聞く機会の少ないわれわれとしては必ずしもそうはいかないかもしれません．しかし基本的なことを覚えてから，たえず自分で発音しながら，単語，文を書いてみてください．特に練習に出ている単語や文を声を出しながら書いてみること．

3. 文章の勉強と平行させる必要があります．少し勉強がすすんだら，またふり返って発音のつづり字，リエゾンの部分などを読み返し，CDを聞き返してください．理解も深まる上に忘れていた発音のしかたも思い出して自分のくせを直すことができるでしょう．

4. CDを何度も聞き，くり返し自分で何度も言ったあと，今度はカセットなどに自分の声を吹き込んで，正しい発音と比較してみることも役に立ちます．

正しいリズムの把握，正しい発音の習得はフランス語の進歩の原動力になります．しっかり勉強してください．

目　次

ATHÉNÉE FRANÇAIS

POUR APPRENDRE
A BIEN PRONONCER

母 音 (1)

1. まず唇を狭くして発音する母音から勉強しましょう.

[i]–[y]–[u]　[i]–[y]–[u] は狭い母音で左から右へと口が丸く出ます.「口むろ」の中では左から右へと発音する場所が舌の先から後へと下がっていきます.

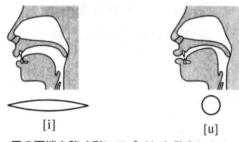

[i] : 唇の両端を強く引いて「イ」と発音します.

[u] : 唇を丸く出し, 唇の両端を少し緊張させます.

[y] : [u] の唇をしたまま [i] の発音をします.

2. つぎに唇の両端の緊張を少しだけ解いてください.

[e]–[ø]–[o]　[e]–[ø]–[o] の発音になります.

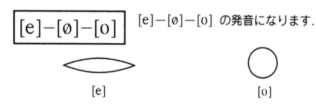

[e] :「エ」ですが唇の両端は少し強めに引いてください. これはつぎの [ε] と区別するために必要です.

[o] :「オ」ですが唇を丸く突き出し, 緊張させて「オ」と発音すること.

[ø] : [o] の唇をしたまま [e] の発音をするわけです. 日本語にはない音ですから注意しましょう.

つづり字との関係 CD 3

[i]	**i** あるいは **y**	lit [li] ベッド
		Il s'y met. [il-si-mɛ] 彼はそれにとりかかる
[u]	**ou (où)**	cou [ku] 首
		Où est-il? [u-ɛ-til] 彼はどこにいますか
[y]	**u**	pu [py] pouvoir の過去分詞 usine [y-zin] 工場
[e]	**é, ai**	idée [i-de] 考え quai [ke] 岸, プラットフォーム
[o]	**o, ô, au, eau**	pot [po] つぼ chaud [ʃo] 暑い bateau [bato] 船
[ø]	**eu, œu**	peu [pø] 僅か vœu [vø] 願い

EXERCICES CD 4

[i] – [u]	dis – doux ;	qui – cou ;	timide – tout mou ;
	pile – poule ;	vie – vous ;	gui – goût
[u] – [y]	pou – pu ;	roue – rue ;	loup – lu ;
	doux – du ;	genou – menu ;	clou – conclu
[i] – [y]	pis – pu ;	dis – du ;	si – su ;
	émis – ému ;	pli – plus ;	ici – issue
[e] – [o]	fée – faux ;	thé – tôt	
[o] – [ø]	faux – feu ;	pot – peu	
[e] – [ø]	dé – deux ;	quai – queue	
[i] – [e]	mie – mé- ;	dis – dé ;	riz – ré
[u] – [o]	fou – faux ;	tout – taux ;	chou – chaud
[y] – [ø]	pus – peu ;	tu – piteux ;	ému – émeut

母 音 (2)

1. 前に勉強した [e]―[ø]―[o] をもう一度思い出してください.
その唇の両端の緊張を解いてしまうとつぎの音が得られます.

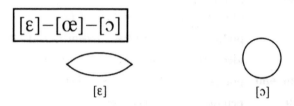

$$[ε]―[œ]―[ɔ]$$

[ε]

[ɔ]

- [ε]：「エ」ですが，[e] における唇の両端の緊張を解いてください.
- [ɔ]：同様に，[o] より口が開き緊張を解きます.
- [œ]：[ɔ] の唇の形をして [ε] の発音をします. [ø] よりも唇が開いた形になります.

2. つづいて [a]―[ɑ] の勉強をします.

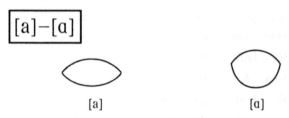

$$[a]―[ɑ]$$

[a]

[ɑ]

- [a]：これは日本語の「ア」に近く口の前の方で発音します.
- [ɑ]：ふつうの会話ではかなり少なくなってきている発音で，前の[a]にいわば吸収されかかっています. しかし正しい発音としては[a]より少し口を開き，舌の後方で発音します.

これまで学んできたのがいわゆる「口むろ母音」と呼ばれる母音です.（もう一つ [ə] という母音があります. 日本語の「ウ」に一番近い音ですが，ちょっと特殊なので別に扱います）

以上を図表にするとつぎのようになります.

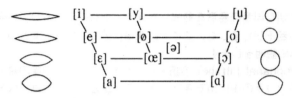

つづり字との関係 CD6

[ɛ]	è, ê, ai, ei	père [pɛːr] 父　forêt [fɔrɛ] 森林　mais [mɛ] しかし Seine [sɛn] セーヌ河
[ɔ]	o, au	sol [sɔl] 土地　aurore [ɔrɔːr] あけぼの
[œ]	eu, œu	peur [pœːr] 恐れ　œuf [œf] 卵
[a]	a	madame [madam] …夫人　arme [arm] 武器
[ɑ]	a, â	passe [pɑːs] 通過　âme [ɑːm] 魂

EXERCICES CD7

1) [ɛ] – [ɔ]　père – pore ;　　mère – mort ;　　serre – sort
　 [ɛ] – [œ]　père – peur ;　　mère – mœurs ;　serre – sœur
　 [ɔ] – [œ]　cor – cœur ;　　port – peur ;　　bord – beurre

2) [e] – [ɛ]　mémé – mais ;　pré – plaie ;　　thé – taie
　 [o] – [ɔ]　beau – bol ;　sabot – sabotage ;　peau – pore
　 [ø] – [œ]　vœu – bœuf ;　peu – peur;　　queue – cœur

3) [i] – [e] – [ɛ]　pile – pétard – pelle ;　dix – dé – dette
　 [y] – [ø] – [œ]　pu – peu – peur ;　　su – ceux – sœur
　 [u] – [o] – [ɔ]　pou – pot – Paul ;　　doux – dos – dort

4) [a] – [ɑ]　papa – passer ;　éclat – classe ;　sésame – âme

つづり字の基礎

　まず大切な母音の発音を勉強した後で，それに応じるつづり字との関係も若干記しました．ここでは簡単にアルファベットとつづり字の記号の説明をします．

　まず Alphabet [alfabe] の読みかたです．これはこの字の読みかたで，つづり字の中に出てきたときにこう読むというわけではありませんので気をつけましょう．

A a	[ɑ]	**J j**	[ʒi]	**S s**	[ɛs]
B b	[be]	**K k**	[kɑ]	**T t**	[te]
C c	[se]	**L l**	[ɛl]	**U u**	[y]
D d	[de]	**M m**	[ɛm]	**V v**	[ve]
E e	[ə]	**N n**	[ɛn]	**W w**	[dubləve]
F f	[ɛf]	**O o**	[o]	**X x**	[iks]
G g	[ʒe]	**P p**	[pe]	**Y y**	[igrɛk]
H h	[aʃ]	**Q q**	[ky]	**Z z**	[zɛd]
I i	[i]	**R r**	[ɛ:r]		

　これだけの字母では発音のすべての変化を記すのに不十分なため，別につづり字記号が作られています．これは文の表わす音を正確に示したり，脱落した文字に代わる記号でつぎの5種類があります．

1. アクサン (*accent* [aksã])

　′　accent aigu [aksɑtegy] 　　　　　　: é

　ˋ　accent grave [aksã graːv] 　　　　 : è, à, ù

　ˆ　accent circonflexe [aksã sirkɔ̃flɛks] : ê, î

2. **セディユ** (*cédille* [sedij]) (¸) : **ç**
   c が [s] と発音することを示します.

3. **トレマ** (*tréma* [trema]) (¨) : **ï**   分音符号とも呼びます.
   ai はふつう[ɛ] または [e] と読みますが aï は [a-i] と読みます.

4. **アポストロフ** (*apostrophe* [apɔstrɔf]) (') : **le → l'idée**
   エリジオン (p.30 参照) などによって字が脱落していることを示します.

5. **トレ・デュニョン** (*trait d'union* [trɛdynjɔ̃]) (-)
   これは英語のハイフンにあたります.

EXERCICES CD 9

1) **a** [a, ɑ] **ami** [a-mi] 友   **cas** [kɑ] 場合
   à [a]   **à la ville** [a-la-vil] 町で
   â [ɑ]   **âme** [ɑːm] 魂   **âge** [ɑːʒ] 年令
2) **e** この読みかたは複雑なので後にします.
   é [e]   **thé** [te] 茶   **clé** [kle] 鍵
   è [ɛ]   **père** [pɛːr] 父   **grève** [grɛːv] 砂浜
   ê [ɛ]   **forêt** [fɔrɛ] 森林   **tête** [tɛt] 頭
3) **i, î** [i] **pile** [pil] 堆積   **île** [il] 島
4) **o** [o, ɔ] **numéro** [ny-me-ro] 番号 **port** [pɔːr] 港
5) **u, û** [y] **mur** [myːr] 壁   **flûte** [flyt] フルート

   母音字の組み合わせ

1) **ai, ei** [e] [ɛ] **gai** [ge] 陽気な   **neige** [nɛːʒ] 雪
2) **au** [o] [ɔ] **épaule** [epoːl] 肩   **aurore** [ɔ-rɔːr] あけぼの
   eau [o] **bateau** [bato] 船   **peau** [po] 皮膚
3) **ou** [u] **toujours** [tuʒuːr] 常に   **loup** [lu] 狼
4) **eu, œu** [ø] [œ] **peu** [pø] わずか   **peur** [pœːr] 恐れ
              vœu [vø] 願い   **bœuf** [bœf] 牛

   (母音字の組合せと母音の組合せとは全く違います. 二つ以上の母音が
   組み合わさっても一つの母音の発音になるのです)

— 7 —

鼻 母 音

1. [ã], [ɔ̃], [ɛ̃], [œ̃] の4種類がありますが，例えば [ã] はア・ンと別に発音してはいけません． [ɑ] の発音をすると同時に息を鼻にぬくわけです．

[ã] ： [ɑ] の発音で息を鼻に抜く．   [pã] [tã] [blã]

[ɔ̃] ： むしろ [o] に近くかなり口を丸く出して発音しながら息を鼻に抜く．   [pɔ̃] [tɔ̃] [blɔ̃]

[ɛ̃] ： この音は英語の [æ] という音に近い発音をして息を鼻に抜く． [ɛ] の音から出すと南仏の発音になって聞きづらくなります．唇の両端がある程度緊張します．   [pɛ̃] [tɛ̃] [plɛ̃]

[œ̃]： [œ] の発音をしながら息を鼻に抜くわけです．この音はパリでは衰えつつあり [ɛ̃] にとってかわられる傾向がありますが，不定冠詞の un は必ず [œ̃] です．   [œ̃] [lœ̃-di]

2. われわれが聞き分け，発音の区別で苦労する [ã] と [ɛ̃]，[ã] と [ɔ̃] を特に取り出して対立させながら練習してみましょう．

[ã] と [ɛ̃] ：

[ã] は口を開き心持ち唇を前に出して発音してみましょう．
[ɛ̃] はそれに対し唇の両端を少し緊張させ，唇を引いてください．
[pã] – [pɛ̃]   [sã] – [sɛ̃]   [gã] – [gɛ̃]

[ã] と [ɔ̃] ：

[ã] は心持ち唇を前に出すようにと言いました．そうすると，ちょっと [ɔ̃] に近く聞こえるかもしれません．それでよいのです．
[ɔ̃] は広い [ɔ] ではなく，むしろ [o] に近く，唇を丸くせばめて鼻

から息を抜いてください．[õ] と書く傾向があるくらいです．

[pɑ̃] – [pɔ̃]   [bɑ̃] – [bɔ̃]   [gɑ̃] – [gɔ̃]

つづり字との関係　CD11

[ɑ̃]	**am, an,**	jambe [ʒɑ̃:b] 脚		enfant [ɑ̃-fɑ̃] 子ども
	em, en	ensemble [ɑ̃-sɑ̃:bl] いっしょに		gentil [ʒɑ̃-ti] 親切な
[ɛ̃]	**im, in**	important [ɛ̃-pɔr-tɑ̃] 重要な		enfin [ɑ̃-fɛ̃] 最後に
	aim, ain	faim [fɛ̃] 空腹		demain [də-mɛ̃] 明日
	eim, ein	plein [plɛ̃] 満ちた		
[ɔ̃]	**om, on**	bombe [bɔ̃:b] 爆弾		pont [pɔ̃] 橋
[œ̃]	**um, un**	parfum [par-fœ̃] 香水		lundi [lœ̃-di] 月曜日

EXERCICES　CD12

[ɑ̃]	plan,	grand,	franc,	gens,	il ment
	chance,	France,	pendant,	danger	
[ɔ̃]	pont,	ton,	oncle,	dompter,	plomb
[ɛ̃]	pain,	plein,	sain,	main,	malin
	maintenant,	ainsi,	impossible,	indépendant	
[œ̃]	un,	lundi			

[ɑ̃] と [ɛ̃]　dans – daim ;　　　camp – bouquin ;
　　　　　　　fanfan – faim ;　　sans – sain ;
　　　　　　　gant – gain ;　　　rang – train ;
　　　　　　　plan – plein ;　　　manteau – demain ;
　　　　　　　Renan – nain ;　　　vent – vain ;
　　　　　　　champ – prochain ;　il prend – il craint

[ɑ̃] と [ɔ̃]　dans – dont ;　　　candide – condition ;
　　　　　　　sang – son ;　　　plan – plomb ;
　　　　　　　temps – ton ;　　　chant – cochon ;
　　　　　　　pan – pont

5

Leçon CD13

半 母 音

[j], [ɥ], [w] の三つが半母音と呼ばれるものです. ふつうはつぎに母音が来て, そこで初めて一つの音になります. 肝心なことはつぎに来る母音と別々に発音しないことです.

[j] : [i] の発音をしながらすぐにつぎの母音を発　　　[jɛːr] [avjɔ̃]
　　音します. 英語の Yes の Y に似た音です.　　　[fij] [travaj]
　　この音だけは語尾に独立して出てくるこ
　　とがありますが, [i] を強めに日本語のユ
　　に近く発音します.

[ɥ] : [y] の発音をしながらすぐにつぎの母音を　　　[pɥi] [lɥi]
　　発音します. huit [ɥit] の場合, くれぐれ
　　も ユ・イ [y-i] と別に発音しないこと.

[w] : [u] の発音をしながらすぐにつぎの母音を　　　[mwa] [vwa]
　　発音します.

半母音と鼻母音

[jɔ̃] などはつづり字が -ion, -yon となるのでそれほど問題はないのですが, [jɛ̃] [wɛ̃] は発音上気をつけましょう. 特につづり字との関係をよく読んでください.

つづり字との関係 CD14

半母音とつづり字

[j]	i + 母音*	avion [a-vjɔ̃] 飛行機	hier [jɛːr] 昨日
	ien [jɛ̃]	bien [bjɛ̃] よく	chien [ʃjɛ̃] 犬
[ɥ]	u + 母音	lui [lɥi] 彼 (女) に	muet [mɥɛ] 無言の
[w]	ou + 母音	oui [wi] はい	
	oi [wa]	moi [mwa] 私	toit [twa] 屋根
	oin [wɛ̃]	loin [lwɛ̃] 遠くに	coin [kwɛ̃] かど

*i + 母音でも単に [i-e] のようになって [j] にならないものもあります.

— 10 —

[j] については ail(l) [aj], eil(l) [εj], euil(l) [œj], ill [ij] となるつづりも
あります.

travail [tra-vaj] 仕事, soleil [sɔ-lεj] 太陽, feuille [fœj] 葉, fille [fij] 娘

> **注意** œil [œj] 目
> ville [vil] 町, fil [fil] 糸 など [ij] にならないものもあります.

母音字 y のこと

a, e, i, o, u のほかに母音字として y があります.
y は [i] または [i-i] として扱われます.

a) 子音 + y [i] ([j])　　　　　stylo [stilo]　　　il y a [i-lja]
b) ay (= ai + i) [e-i] [ε-i] ([ε-j])　pay [pe-i]　　　crayon [krε-jɔ̃]
c) oy (= oi + i) [wa-j]　　　　voyage [vwa-ja:ʒ] moyen [mwa-jɛ̃]

母音の長短

　[ɑ:ʒ] [di-mɑ̃:ʃ] など [:] という長音符号をつけてありますが, フ
ランス語では母音のアクセントがそこにきたときに長くなる場合
があるというだけです. ですから dimanche soir [di-mɑ̃ʃ-swa:r]
とつながれば soir にアクセントがくるので [-mɑ̃ʃ] は長くなりませ
ん. だいたい長い母音といってもフランス語の長音はたいして長
くなりません. ですからアクセントのありかたに気をくばって特
に長音符号を気にしないように, 特に英語のように長くしている
間に調子を変えることのないように注意してください.

EXERCICES `CD15`

[j]	hier,	y a-t-il,	hyacinthe,	billet,	payé,
	voyage,	merveilleux,	tailleur,	pourriez-vous,	
	fille,	soleil,	paille,	nouille,	deuil,	œil
[ɥ]	huit,	huître,	puis,	lui,	la pluie,	muet
[w]	oui,	moi,	poids,	oiseau,	un oiseau,
	des oiseaux,		bonsoir	

むずかしい子音

子音の発音の多くはローマ字の知識があれば発音できるでしょう. ただし ti [ti] を「チ」などと発音しない心得は必要です. ここでは, 日本人として発音しにくい子音だけを学びましょう.

[b] と [v]:

　[v] という音が日本語にないため [b] と [v] の聞き分けがとても むずかしいようです. まず, [f], [v] をきちんと発音（下唇を上の 歯の下にあてる）することから始めましょう. [f] を日本式に「フ」 と言うくせをつけていては [v] が発音できません.

[ʃ] と [ʒ]:

　[ʃ]と[ʒ] の音ははっきり言えるつもりでも, 日本人には苦手なも のです. Chine [ʃin] を [sin] という人が多いのはおどろくほどです. まず, 舌の先をあげて上の歯ぐきに近づけましょう. 歯ぐきにつけ てはいけません. それで [ʃ], [ʒ] の発音をします. 歯ぐきにつける と[ʒ] は日本語の語頭にくる「ジ」になり 英語の [dʒ] に近くなる ので避けること. また, ふつうの「ジ」のように舌の先を動かさな いとフランス人には「ユ」と聞こえてしまうのです. これらを [s], [z] と対比させて学びます.

[l] と [r]:

　[r] の発音は最初はみなが苦手とするものです. 舌先を下の歯に軽くつけ, 舌の面を上あごに向か って高め, 上あごと舌の間を通る息が生じる軽い 摩擦音ですが, そのとき軽く「のどびこ」をふる わせます. 面倒な言い方ですが, 少し簡単な練習 のしかたとしてつぎのようにしてください.

　[ɑ] の舌の形をして少しあごを上にあげます. そ の舌の形を覚えておいて, そこで「のどびこ」を ふるわせて息を軽く出してみること. 舌先が下の 歯についていることが肝要です. (つぎページにつづく)

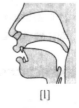

[l]

[r]

最初のうち [r] が「フ」,「ハ」に聞こえたり，あるいはまったく聞こえないことがあるかもしれません．それでも十分で余りこだわりすぎてはいけません.

[l] は舌先で軽く上の歯ぐきにつけて発音してください．英語の発音に絶対に影響されないように，milk の l の発音はフランス語にはないし，とてもききづらいものです.

なお，[ɲ] の音は英語にはありませんが，日本語の「ニュ」の子音部と同じです．（つづり字は gn）

EXERCICES CD17

[b] – [v] bain – vin ;   bon – vont ;   bis – vis ;
          banc – vent ;   bal – val ;   bien – viens ;
          beau – veau ;   tout beau – nouveau ;
          un ballon – un vallon ; Elle se baigne. – Elle est vaine.

[ʒ]   Je vois.   Je suis étudiant.   Je ne les aime pas.
          déjà ;   pyjama ;   juin ;   juillet

[s] – [ʃ] ça – chat ;   sot – chaud ;   sous – chou ;
          signe – chine ;   c'est – chez ;   sien – chien ;
          un fils – une fiche ;   sachant – chassant ;
          une tasse – une tache ;   cassé – caché ;
          Saussure – chaussure ;   six noix – Chinois

[z] – [ʒ] raser – rager ;   zèbre – algèbre ;
          les enfants – les gens ; les yeux – les joues ;
          les oies – des joies ;   des oiseaux – des joyaux ;
          Zama – jamais

[l] – [r] long – rond ;   lent – rang ;   lit – riz ;
          lien – rien ;   loup – roux ;   las – rat ;
          Il lit – Il rit ;   du lait – une raie ;
          sous le lit – un sourire ;   miel – merci

子音字の読みかた（1）

1. 子音字で若干問題になるものを学びましょう.

c [k] **ca, co, cu** café [kafe] コーヒー col [kɔl] えり cuir [kɥi:r] 皮

  [s] **ce, ci** cela [sə-la] それ ici [i-si] ここに

  ça, ço, çu ça [sa] それ français [frɑ̃-sɛ] フランス（人，語）の
  reçu [rə-sy] 領収書

g [g] **ga, go, gu** gâteau [gɑ-to] 菓子 aigu [e-gy] 鋭い
  gue, gui bague [bag] 指輪 gui [gi] やどりぎ

  [ʒ] **ge, gi** manger [mɑ̃-ʒe] 食べる
  Giscard [ʒis-ka:r] ジスカール（人名）

  gea, geo, mangeant [mɑ̃-ʒɑ̃] manger の現在分詞
  geu geôlier [ʒo-lje] 牢番

h [-] 発音しません. しかし慣習上「有音」の h (h aspiré) と「無
  音」の h (h muet) とに分かれます.

  「無音」の h hôtel [ɔ-tɛl] ホテル homme [ɔm] 人間

  「有音」の h héros [e-ro] 英雄 haricot [a-ri-ko] いんげん豆

  「無音」の h はないものと考えられ，つぎにくる母音と二つ
  で母音扱いになり，「有音」の h は子音扱いにされ，後で述べ
  るリエゾンなどの時に「無音」の h との違いがでます.

  例 des hôtels [de-zɔ-tɛl]，des haricots [de-a-ri-ko]

s [s] 下の [z] になる場合を除いて

  santé [sɑ̃-te] 健康 Espagne [ɛs-paɲ] スペイン

  [z] 母音字 + s + 母音字

  rose [ro:z] バラの花 maison [mɛ-zɔ̃] 家

t **-tie** [si] diplomatie [di-plɔ-ma-si] 外交

  -tion [sjɔ̃] nation [na-sjɔ̃] 国民 attention [a-tɑ̃-sjɔ̃] 注意

  （例外 **-stion** [stjɔ̃] question [kɛs-tjɔ̃] 質問）

x [s]   **six** [sis] 6   **dix** [dis] 10

    [z]   **deuxième** [dø-zjɛm] 二番目の

    [ks]   **excuser** [ɛks-ky-ze] 許す

    [gz]（母音字の間で）   **exemple** [ɛg-zã:pl] 例

（ここでは規則性がはっきりしないので例を多く覚えるしかありません）

2. 子音の組み合わせ（1）

cc [k]   **occuper** [ɔ-ky-pe] 占める

    [ks]（e, i の前で）   **accident** [ak-si-dã] 事故

                            accepter [ak-sɛp-te] 受け取る

（**gg** も [g] と [gʒ] に分かれる．**suggestion** [syg-ʒɛs-tjɔ̃] 暗示された考え）

ch [ʃ]   **chemin** [ʃ(ə)mɛ̃] 道   **blanche** [blã:ʃ] 白い

（若干のギリシャ語源の語では [k]．**chloroforme** [klɔ-rɔ-fɔrm] クロロホルム）

EXERCICES CD19

a)   conseil,   cadeau,   poinçon   accumuler,

     accident,   gauche,   argent,   juger

b)   *hibou,   hôpital,   histoire,   cahier,   *haut

c)   esprit,   oiseau,   cousin,   soleil,   opération,

     aristocratie, exercice,   soixante,   expliquer, dixième

d)   chercher,   chanter

     （* のついたものは有音）

— 15 —

子音字の読みかた（2）

3. 子音の組み合わせ（2）

gn [ɲ]　　　　montagne [mɔ̃-taɲ] 山　signal [si-ɲal] 合図

ph [f]　　　　photo [fɔ-to] 写真　philosophie [fi-lɔ-zɔ-fi] 哲学

qu [k]　　　　qui [ki] 誰　quatre [katr] 4

　　まれに [kw]　quadrupède [kwa-dry-pɛd] 四足獣

sc [sk] 下の [s] になる場合は除く

　　　　　　　scandale [skɑ̃-dal] 醜聞　escalier [ɛs-ka-lje] 階段

　　[s] e と i の前　scie [si] のこぎり　descendre [de-sɑ̃:dr] 降りる

ss [s]　　　　aussi [o-si] 同じく　poisson [pwa-sɔ̃] 魚

　　母音字にはさまれた s が [z] になることとくらべ合わせましょう.
　　poison [pwa-zɔ̃] 毒 ― poisson [pwa-sɔ̃]

th [t]　　　　thé [te] 茶　théâtre [te-ɑ:tr] 劇場

4. 発音されない子音字

1) 語の中の子音字はだいたい発音されます. しかしまれに発音されない字があります.
　　automne [ɔ-tɔn] 秋　fils [fis] 息子　sept [sɛt] 7

2) 語の終りの子音字は発音されないことがふつう.
　　blanc [blɑ̃] 白い　　　grand [grɑ̃] 大きい　　　mais [mɛ] しかし
　　livres [li:vr] 本（複数）　chevaux [ʃvo] 馬（複数）　aimer [ɛ-me] 愛する
　　petit [pə-ti] 小さな　　　nez [ne] 鼻　　　　　　trop* [tro] 余りに

　　* trop は強調されているときは [tro], 形容詞の前などで強調されない
　　　ときは [trɔ].

— 16 —

しかし終りの子音字が発音されることもあります．特に c, f, l, r は発音されることが多いのです．

avec [a-vɛk] といっしょに   neuf [nœf] 9   fil* [fil] 糸

mer [mɛːr] 海   cinq** [sɛ̃ːk] 5   six** [sis] 6

* fil [fil] 「糸」，fils [fis] 「息子」です．fil の複数も filsで，発音は[fil]．つづり字が同じなので文脈で理解するほかはありません．

** cinq, six, huit [ɥit], dix [dis] は後に子音で始まる名詞がくると子音字は発音されなくなります．

six francs [si-frɑ̃]
huit tables [ɥi-tabl]

EXERCICES CD21

1) assez,   pharmacie,   ligne,   quels livres,
   Scandinave,   muscadet,   ascenseur,   moisson

2) fleur,   miel,   cheval,   · duc,
   doux,   amer,   vert,   sac,
   donner,   très,   attentif,   corps,
   banc,   bec,   mal,   vingt

応用練習

　今までの知識は分解した「音」または「文字」によるものでした．このあたりで綜合して文を発音する練習をしてみましょう．まだむずかしい問題が残っていますが，それはさておいて，会話の基本的な言い回しを発音しましょう．

Bonjour, Monsieur.	[bɔ̃ʒuːr məsjø]
Bonsoir, Madame.	[bɔ̃swaːr madam]
Au revoir, Mademoiselle.	[orvwaːr madmwazɛl]
Comment allez-vous?	[kɔmɑ̃talevu]
Je vais très bien, merci et vous?	[ʒəvɛtrɛbjɛ̃ mɛrsi evu]
Ça va bien, Paul?	[savabjɛ̃ pɔl]
Oui, ça va bien, merci.	[wi savabjɛ̃ mɛrsi]
Comment va votre mère?	[kɔmɑ̃va vɔtrəmɛːr]
Elle va très bien, merci.	[ɛlvatrɛbjɛ̃ mɛrsi]
Excusez-moi.	[ɛkskyzemwa]
Excusez-moi d'être en retard.	[ɛkskyzemwa dɛtr ɑ̃rtaːr]
Pardon.	[pardɔ̃]
Pardon?	[pardɔ̃]
Ce n'est rien	[sənɛrjɛ̃]
Ça n'a pas d'importance.	[sanapa dɛ̃pɔrtɑ̃ːs]
Merci. Merci bien.	[mɛrsi mɛrsibjɛ̃]
Je vous remercie beaucoup.	[ʒəvurəmɛrsiboku]

Je vous en prie.	[ʒəvuzãpri]
Il n'y a pas de quoi.	[ilnjapɑ dkwa]
Bon voyage.	[bɔ̃ vwaja:ʒ]
Bon retour.	[bɔ̃ rətu:r]
Mes amitiés à votre frère.	[mezamitje avɔtrəfrɛ:r]
Mon bon souvenir à votre mari.	[mɔ̃bɔ̃suvni:r avɔtrəmari]
Merci. Je n'y manquerai pas.	[mɛrsi ʒənimãkrepɑ]
Qu'est-ce que vous avez?	[kɛskə vuzave]
J'ai mal à la tête.	[ʒemalalatɛt]
J'ai de la fièvre.	[ʒedlafjɛ:vr]

e の読みかた

つづり字の中に出てくる e をどう読むかという問題に触れましょう. つぎに出る [ə] の発音にもかかわってきますから両課をいっしょに読んでください.

1) 語尾の -e は発音されない. lune [lyn] で [lynə] ではありません.
table [tabl] テーブル   Il pense. [il-pɑ̃:s] 彼は思う

2) 語頭の音節の e は原則として [ə] を発音します. (文章の中に入って落ちることもあります)
petit [pə-ti] 小さな   redire [rə-di:r] くり返して言う

3) 語中で, 一つの子音ともう一つの子音の間の e は発音しません.
samedi [sam-di] 土曜日   mademoiselle [mad-mwa-zɛl] …嬢

つぎに [ɛ] と発音する場合, その他について述べましょう.

1) 閉音節 (子音で終る音節) および -rr, -ll が重なる前では [ɛ] となる.
merle [mɛrl] つぐみ   serrure [sɛ-ry:r] 錠

2) 語尾の e は発音せず, 開音節 (母音で終る音節) では [ə] かまたは脱落.

3) 語尾で発音しない子音字がくると [e] または [ɛ].
complet [kɔ̃-plɛ] 完全な   assez [a-se] 十分に   pied [pje] 足

4) 形容詞からつくった副詞で -emment となるときは [a].
indifférent [ɛ̃-di-fe-rɑ̃] 無関心な
indifféremment [ɛ̃-di-fe-ra-mɑ̃] 無関心に

音節のこと

音節とは発音するときの音の切れ目です．子音が二つ重なるとき，前の子音は前の音節に，後の子音は後の音節に入りますが，pl, dr のように子音＋l, r は一つの子音とみなし分割しません．

aujourd'hui [o-ʒur-dɥi] きょう　mercredi [mɛr-krə-di] 水曜日
mademoiselle [mad-mwa-zɛl]

母音で終る音節が開音節，子音で終る音節が閉音節です．上の例で言えば，[o-] [-dɥi] [-krə] [-mwa] などが開音節，[-ʒur-] [mɛr] [mad-] [-zɛl] などが閉音節になるわけです．e の読みかたについてこの開音節，閉音節の区別をよくつけることが肝要です．

EXERCICES CD24

1. 1) 語尾の e　mère,　　　　lèvre,　　　　une langue,
　　　　　　　consonne,　　　C'est probable,　exemple

　 2) 語頭の e　mener,　　　　besoin,　　　　fenêtre,
　　　　　　　recommencer

　 3) 間の e　saleté,　　　　modeler,　　　　matelas,
　　　　　　　potelé,　　　　commandement,　tapisserie

2. 1) le cachet ; le complet ;　le nez ;　　　la clef

　 2) le tiers ;　actuel ;　　　Je verrai ;　　Il enverra ;　fiel ;
　　　estampe ;　un essai [esɛ] ;　commettre ;　effet [efɛ]

　 3) inconsciemment ;　　　　patiemment

　 4) Je viens vous parler au sujet du nouvel appartement que
　　　vous venez d'acheter.

[ə] の問題

1. 3子音の法則

　単語，あるいは発音グループ内での [ə] の問題はむずかしい問題です．まず，「三つの子音を続けて発音しない」（＝3子音の法則）ことを覚えましょう．つまり probablement という語で，-blement の e を発音しないと [blm] と三つ子音が重なることになります．これはフランス人にとって発音しにくいので [ə] は残ります．

　Je sais. の場合は [ʒsɛ] と [ə] は落ちますが，Je ne sais pas. となると[ʒnsɛpɑ]と三つ子音が続きますので Je の [ə] は残り，[ʒənsɛpɑ] となります．

　ただし，3番目の子音が [l]，[r] の場合はこの法則は特にあてはまりません．le français は [lfrɑ̃se] と発音していいわけです．

　この子音の問題で時おり奇妙なことも起ります．英語から移入した film[film]と français がぶつかると[lmf] となるので，[filmə frɑ̃sɛ]とつづり字にはない [ə] が発音されることになります．

2. [ə] の脱落について

　つぎのような例では [ə] の脱落は規則通りではなく，ある文できまったところの [ə] が落ちます．

a) Je ne sais pas. [ʒənsɛpɑ]　　Je ne pense pas. [ʒənpɑ̃spɑ]

b) Je le sais bien. [ʒəlsɛbjɛ̃]　　Je le chante. [ʒəlʃɑ̃t]

c) Je me lève. [ʒəmlɛːv]　　Je me rase. [ʒəmrɑz]

d) Je te connais. [ʒtəkɔnɛ]　　Je te répète. [ʒətrepɛt]

e) C'est ce que je veux. [sɛskəʒvø]　　C'est ce que je pense. [sɛskəʒpɑ̃s]

f) Je suis sûr de ne pas le faire. [ʒ(ə)sɥisyːrdənpɑlfɛːr]

　原則は二番目の[ə]が残ることになっていますが，Jeの場合，そうとは限っていないことがおわかりでしょう．こういったところはやはり何回かくり返して自然に口に出るようにしてください．

— 22 —

注意 話し言葉で俗っぽくなればなるほど [ə] が落ちてしまう傾向があります．また原則だけでいかないところが出るかも知れません．最初はあまりこだわらないように，ただこの課はフランス語がある程度できるようになったらくり返し読んでください．

EXERCICES CD26

1. 1) 単語の中で

probable – probablement,　　modeste – modestement,
gendarme – gendarmerie,　　agréable – agréablement

2) グループの中で

appelez le garçon – avec le garçon,
appelez le docteur – pour le docteur,
fais le lit – sur le lit,
sous le toit – sur le toit,
prenez le train – par le train,
prenez le fauteuil – sur le fauteuil,
prenez le crayon – avec le crayon,
dans le jardin – par le jardin

3) 文の中で

Il le sait.　　　　Il ne sait pas.　　　Il ne prend pas.
Il ne dit rien.　　Ils le cherchent.　　Il le fait.
s'il te plaît

2. つぎの文はある程度意味がとれるようになったらくり返し，発音してみてください．

1) Qu'est-ce que vous faites? – Ce que je fais?　Vous ne le voyez pas?
2) Vous avez bien fait de me le dire, car c'est justement ce que je voulais savoir.
3) Je me suis levé très tard ce matin.　Je n'ai pas eu le temps de me raser.

リズム・グループ

　もっとも大切なイントネーションの問題に触れる前にリズムグループ groupe rythmique の問題に触れなくてはなりません.

　フランス語では単語一つ一つにアクセントをつけることなくある意味のまとまり（グループ）で発音し，そのグループの最後の音節にアクセントをつけます.

　Paul est étudiant. は別々に発音することなくまとめて発音し，最後の [ã] だけアクセントをつけます. la responsabilité という長い語でも la は responsabilité に結びついてグループの一部になっています.

　Françoise travaille dans une usine. [frãswa:z travaj dãzynyzin] は発音の調子で Françoise / travaille / dans une usine. と三つに区切ってもよし，Françoise travaille / dans une usine. と二つでも，また一気に Françoise travaille dans une usine. と言ってもいいわけです. しかし，dans une usine は切れません.

　どんなふうに切ろうとも，切って読んではならないグループがあります. その主なものはつぎのようなものです.

a) 名詞標識語 + 名詞（名詞標識語とは冠詞 un, le, du, 指示形容詞 ce, 所有形容詞 mon などです）

b) （名詞標識語 +）形容詞 + 名詞　　形容詞が名詞の前にきた場合
   mon petit chien　　　　　　　[mõptiʃjẽ]
   Quelle agréable surprise !　　[kɛlagreabl syrpri:z]

c) 主語代名詞 + 動詞
   Il est ～ .　　　　　　　　　　[ilɛ]
   Nous travaillons.　　　　　　[nutravajõ]

d) 前置詞 + 名詞
   sur la table　　　　　　　　　[syrlatabl]
   en France　　　　　　　　　　[ãfrã:s]

e) 目的代名詞 + 動詞
   Je vous respecte.　　　　　　[ʒəvurɛspɛkt]

— 24 —

しかしながら，例えばつぎのような文で，主語名詞，動詞，直接目的語を切って読むことは不可能です．

Paul   frappe   son frère.   [pɔlfrapsɔ̃frɛːr]
Marie   écoute   de la musique.   [mariekutdəlamyzik]

しかし Paul frappe souvent son frère. Marie écoute de la musique classique dans sa chambre. となると，これらのリズム・グループを分けることはできないことではありません．

これらリズム・グループをきちんと読めるということは，フランス語の構文がしっかりつかまえられていることでもあるわけです．

EXERCICES CD28

1) Un petit garçon court dans la rue.

2) Marie n'aime pas travailler le dimanche, mais aujourd'hui elle est obligée d'aller au bureau.

3) Monsieur Dupont a voyagé en Italie et en Espagne.

4) Ma sœur est en ce moment à Paris.

5) Marie écoute dans sa chambre de la musique classique.

リエゾン (1)

　フランス語で本来発音しない語尾の子音字がすぐ後に母音が来るため発音されることを liaison [ljɛzɔ̃]「リエゾン」と呼びます．このリエゾンは，文字の上だけで文章を読むくせのついた人にとっては，聞いてまごつくもとになります．フランス語の発音で非常に重要なポイントだと言えましょう．

　リエゾンが起こる場合は一つの groupe rythmique [grup ritmik] の中で特に密接な関係を持つ言葉の間です．

　リエゾンの問題では　1) liaison obligatoire [ljɛzɔ̃ ɔbligatwaːr] 絶対にリエゾンする場合　2) liaison facultative [ljɛzɔ̃ fakyltatiːv] リエゾンをしてもしなくてもいい場合　3) liaison interdite [ljɛzɔ̃ ɛ̃tɛrdit] リエゾンしてはならない場合，の三つに分けて，特に 1) と 3) を覚えるのが一番いいでしょう．

1. a) まず，**-s, -x, -z** はリエゾンすると [z] の音になります．
      ils ont [il-zɔ̃]　　　　beaux arbres [bo-zarbr]

   b) **-t,** は [t] ですが **-d** も [t] の音になります．
      Ils sont à Paris. [il-sɔ̃-ta-pa-ri]　　grand ami [grɑ̃-ta-mi]

   c) 鼻母音はつぎに母音が来ると [n] の音が出て来ます．
      un ami [œ̃-na-mi]　　　en Angleterre [ɑ̃-nɑ̃-glə-tɛːr]

2. 絶対にリエゾンする場合　(*liaison obligatoire*)

   a) 主語人称代名詞と動詞
      ils ont [il-zɔ̃] ; elles entrent [ɛl-zɑ̃tr]

   b) 名詞標識語と名詞（またはつぎにくる形容詞）
      un enfant [œ̃-nɑ̃fɑ̃] ; des arbres [de-zarbr] ; les îles [le-zil] ;
      cet hôtel [sɛ-to(ɔ)tɛl] ; ces images [se-zimaːz] ; mon ami [mɔ̃-nami] ; ses aimables attitudes [se-zɛmabl-zatityd]

      ◆ 名詞標識語とは不定冠詞，部分冠詞，定冠詞，指示形容詞，所有形容詞など

c) 形容詞 + 名詞（形容詞が前に置かれたとき）
　　un petit arbre [œ̃pəti-tarbr]; un bon* enfant [œ̃bɔ-nɑ̃fɑ̃];
　　les beaux abricots [lebo-zabriko]
　　◆ bon [bɔ̃] はリエゾンすると非鼻音化します.

d) 目的代名詞 + 動詞
　　Je les aime [ʒəle-zɛm]; Il en a un [ilɑ̃-na œ̃];
　　Ils en achètent. [il-zɑ̃-naʃɛt]

e) 前置詞 +（不定冠詞）+ 名詞
　　dans un an [dɑ̃-zœ̃-nɑ̃]; devant elle [dəvɑ̃-tɛl];
　　en Allemagne [ɑ̃-nalmaɲ]

f) quand + 代名詞, dont + 代名詞
　　quand il vient [kɑ̃-tilvjɛ̃]; dont on parle [dɔ̃-tɔ̃parl]

EXERCICES CD30

1) les amis,　　　　des enfants,　　　les arbres,
　　des ennuis,　　　mes hommages,　　ces hôtels

2) de nombreux amis,　　plusieurs enfants,
　　de bons hôtels,　　　mes anciens camarades,
　　ces grands enfants

3) un grand homme,　　　quand il fait chaud

4) un ami,　　　en Angleterre,　　　en Italie,
　　un œuf,　　　rien à faire

5) Ils ont de beaux arbres dans leur jardin.
　　Vous avez trois frères ; j'en ai deux.

6) Mes enfants sont entrés chez un éditeur.
　　Ces amusantes histoires nous ont fait rire.

7) Dans une de ces histoires...
　　Quand on a des enfants...

リエゾン (2)

1. リエゾンをしてはならない場合 (*liaison interdite*)

  a) 主語名詞 + 動詞

   Ces ingénieurs / ont beaucoup d'idées. [se-zɛ̃ʒenjœːr / ɔ̃ bokudide]
   L'événement / est difficile à comprendre. [levɛnmɑ̃ / ɛ difisilakɔ̃prɑ̃ːdr]

  b) 名詞 (単数) + 形容詞　(複数のときは liaison facultative)

   un bavard / insupportable [œ̃bavaːr / ɛ̃syportabl]

  c) et のあと　(これは初心者に多い間違いですから注意すること)

   un cahier et / un livre [œ̃kaje e / œ̃liːvr]
   les jours libres et / agréables [le ʒuːr libr e / agreabl]
   (前の例でcahierとetもリエゾンしませんが, 後の libres etは可能です)
   ほかにリズム・グループが別の場合はリエゾンをしません.

2. リエゾンをしてもしなくてもよい場合 (*liaison facultative*)

   現在はどちらでもよい場合, 会話では余りしない傾向が強いよう
  です. しかし読む場合にはリエゾンをする方が多くなります.

  a) 名詞 (複数) + 形容詞

   événements importants [evɛnmɑ̃-zɛ̃pɔrtɑ̃]

  b) 副詞 + 形容詞

   vraiment aimable [vrɛmɑ̃-tɛmabl]
   (très, trop はリエゾンします. très aimable [trɛ-zɛmabl]　trop aimable
   [trɔ-pɛmabl])

  c) 助動詞 + 過去分詞

   Nous avons eu. [nu-zavɔ̃-zy]　　Vous êtes aimé. [vu-zɛt-zɛme]
   Nous sommes entrés. [nusɔm-zɑ̃tre]
   ◆ il est ~ , ils sont ~ など -t はリエゾンする場合が多いようです.
   ◆ tu as ~ の場合はリエゾンしてはいけません.

  d) 動詞 + 不定詞

   c) の場合と同じようになります.
   Nous allons arriver. [nu-zalɔ̃-zarive]　　Ils vont arriver. [il vɔ̃-tarive]

e) 動詞 + 属詞

Je suis étudiant. [ʒəsɥi-zetydjɑ̃]　Il est avocat. [ilɛ-tavɔka]
C'est agréable. [sɛ-tagreabl]　Ils sont aimables. [il sɔ̃-tɛmabl]
（これらの例では，だいたいリエゾンするのがふつうです）

f) 動詞 + 直接目的

Ils ont un enfant. [ilzɔ̃ œ̃nɑ̃fɑ̃]
Il aperçoit une lueur. [ilapɛrswa ynlɥœːr]
（だんだんリエゾンしない傾向が強いようです）

g) pas の後で

Il n'est pas à Paris. [ilnɛpɑza pari]
Ce n'est pas un mauvais garçon. [sənepɑzœ̃mɔvɛ garsɔ̃]
Il ne sont pas aimables. [ilnəsɔ̃pɑ zɛmabl]
（これらの例では読むときはリエゾンするべきでしょう）

h) et の前で（同じ要素が並列されているとき）

verts et bleus [vɛːr e blø]
（ただし nuit et jour のような成句は必ずリエゾンします）

EXERCICES 〔CD32〕

1) Vous avez un bel oiseau. C'est un perroquet ?
   Non, ce n'est pas un perroquet.

2) un autre concert intéressant ;
   un autre concert très intéressant

3) des livres anglais ;　le président américain ;
   les voitures allemandes

4) Ils sont à Paris.　Ma sœur n'est pas en France.
   Nous allons emmener nos enfants à cette réunion.
   J'étais aimé de ma famille, car j'étais aimable.
   Restons ici.　C'est trop agréable de s'allonger sur l'herbe.
   Ils vont entrer ici.　Nous les accueillerons avec gentillesse.
   Dans une de ces autos, ils ont aperçu Marie qu'ils cherchaient.

15 Leçon CD33　アンシェヌマン／エリジオン

1. アンシェヌマン（*enchaînement*）

　il, elle は単独で発音する場合には [il] [ɛl] ですし，つぎに子音が
来れば Il travaille. [il-tra-vaj] のようになります.

　しかし，つぎに母音が来ると [l] はその母音といっしょになって
別の音節をつくります.

　Il entre dans cet hôtel.　　[i-lɑ̃tr dɑ̃-sɛ-tɔ-tɛl]
　Elle arrive ici.　　[ɛ-la-ri-vi-si]
　votre ami　　[vɔ-tra-mi]

上の例で Elle, votre などみな最後の e を発音しません. それで
例えば [ɛl-ari:v] ではなく [ɛ-la-ri:v] となります.

　この現象を enchaînement アンシェヌマンといいます. フラン
ス語の音の切れ目がつづり字の切れ目とはまったく一致しないこと
がおわかりになったことでしょう. こうやって一つの発音グループ
ができあがるわけです.

2. エリジオン（*élision*）

　que, de, je など単数つづりのよく使う語が，つぎに母音がきて
e を落とす場合を élision エリジオンと言います.

je	– j'ai [ʒe] ;　　j'en ai [ʒɑ̃ne]
me, te, se	– Il m'a dit [ilmadi] ;　Elle t'aime [ɛltɛm] ; Il s'écrie. [il sekri]
de	– le livre d'Hélène [lə livrə delɛn] ; Il a envie d'y aller. [i-la ɑ̃vidiale]
que	– ce qu'il m'a dit [skil-madi] ;　ce qu'on* fait [skɔ̃fɛ]
le, la (冠詞)	– l'arbre [larbr] ;　l'hôtel [lotɛl] ;　l'école [lekɔl]
le, la (代名詞)	– Elle l'aime [ɛl lɛm] ; Je l'ai rencontrée. [ʒəle rɑ̃kɔ̃tre]
si + il	– s'il est là**... [silela]

＊　qu'on の音を避けたいとき que l'on とすることができます.
＊＊ si は，il と結びついたときだけ s'il になります. si elle は s'elle にはな
　りませんから注意.

3. 再びリズム・グループについて

　以上，リエゾン，アンシェヌマン，エリジオンを学んできました．フランス語で大切なのは，ある程度意味でまとまったグループごとに区切って発音することです．

Votre frère / vient nous voir / ce soir / à huit heures.
[vɔtrə fre:r　　vjɛ̃nuvwa:r　　səswa:r　a　ɥitœ:r]

　上の文は最大限に切って4つに分けられますが，フランス語が少しわかれば，意味の区切りがどうなっているのかすぐにつかまえられるはずです．

EXERCICES CD34

1) Il achète un disque.

Elle offre un joli bouquet à sa mère.

Il est à Paris depuis quatre ans.

2) Elle n'a pas le temps d'aller en Normandie.

S'il a l'intention d'acheter une voiture, il n'a qu'à aller voir M. Dupont.

3) Ses amis ne sont pas contents de sa décision.

Elle a mal à la tête depuis hier soir.

Son avion partira demain soir à neuf heures.

応用練習

Quel jour est-ce aujourd'hui?

Aujourd'hui, c'est mercredi.

lundi, mardi, mercredi, jeudi, vendredi, samedi, dimanche
[lœ̃di] [mardi] [mɛrkrədi] [ʒødi] [vãdrədi] [samdi] [dimã:ʃ]

Nous sommes en juillet.

Nous sommes au mois d'août.

janvier, février, mars, avril, mai, juin, juillet, août,
[ʒãvie] [fevrie] [mars] [avril] [mɛ] [ʒɥɛ̃] [ʒɥijɛ] [u]

septembre, octobre, novembre, décembre
[sɛptã:br] [ɔktɔbr] [nɔvã:br] [desã:br]

Quelle heure est-il, s'il vous plaît?

Il est trois heures et demie.

Il est quatre heures et quart.

Il est six heures moins le quart.

une heure,	deux heures,	trois heures,	quatre heures,
[ynœ:r]	[døzœ:r]	[trwɑzœ:r]	[katrœ:r]
cinq heures,	six heures,	sept heures,	huit heures,
[sɛ̃kœ:r]	[sizœ:r]	[sɛtœ:r]	[ɥitœ:r]
neuf heures,	dix heures,	onze heures,	midi, minuit
[nœvœ:r]	[dizœ:r]	[õzœ:r]	[midi] [minɥi]

◇　J'arrive chez moi à sept heures dix. Et puis je commence à dîner. Je finis mon devoir vers neuf heures. Je bavarde un peu avec ma mère. Ensuite de neuf heures et demie à onze, je prépare les leçons.

◇   Il y a quatre saisons dans une année. Ce sont : le printemps, l'été, l'automne et l'hiver.

    Au printemps, il fait doux. Les arbres fleurissent partout.

    En été, il fait chaud, très chaud. Les élèves sont en vacances.

    En automne, il ne fait ni chaud ni froid.

    En hiver, il fait froid. Il neige souvent.

◇   J'ai mal à la tête depuis hier soir. Aujourd'hui, j'ai de la fièvre. Je vais donc chez le médecin. Il va me donner des remèdes.

◇   – Combien de frères avez-vous ?

    – J'ai un frère, mais je n'ai pas de sœur.

    – Votre frère, est-il déjè marié ?

    – Oui, il est marié depuis quatre ans.

イントネーション（1）

groupe rythmique「リズム・グループ」の話をしましたが，今度はまとまった文のイントネーションの話です．

Il part pour Paris lundi prochain à trois heures.

[ilpaːrpurpari lœ̃diprɔʃɛ̃ atrwazœːr]

という文で最後の [zœːr] が低くなってしかも強く発音されます．そして，Il part pour Paris の最後の [ri], lundi prochain の [ʃɛ̃] が少し強くかつ調子が高くなります．つまり Il part pour Paris ╱ lundi prochain ╱ à trois heures. ╲ ということになります．

これで単語の一つ一つにアクセントがあるのではなく，リズム・グループにアクセントがあるということをもう一度強調しておきます．

つぎの文を見ましょう．

Elle cherche sa voiture depuis ce matin, mais elle n'arrive pas à la retrouver. [ɛlʃɛrʃsavwatyːr dəpɥismatɛ̃ mɛɛlnarivpa alartruve]

ce matin のところで大きな意味の切れ目があることはおわかりでしょうね．そして Elle cherche sa voiture ╱ depuis ce matin. ╲ のようになるとここで文が切れます．depuis ce matin ╱ となれば，つぎにまた何か続くことが想定されましょう．sa voiture ╱ のところは depuis ce matin ╱ より調子が低いことも申しておきましょう．

疑問文のイントネーションは

1) ふつうの文の文尾の調子を上げて疑問とする．
   Vous allez bien? [vuzalebjɛ̃]

2) Est-ce que をふつうの文の前につける．このとき文尾の調子は上げても下げてもよい．
   Est-ce que vous allez bien? [ɛskə vuzalebjɛ̃]

3) 主語代名詞と動詞を倒置する．この場合文尾は上げる．
   Allez-vous bien? [alevubjɛ̃]
   主語が名詞のときは名詞を代名詞に言いかえてから倒置する．
   Votre mère va-t-elle bien? [vɔtr(ə)mɛːr vatɛl bjɛ̃]
   以上がいわゆる全体疑問文の場合です．

疑問詞を使う疑問文では文尾を上げて発音する必要はありません
が，上げてもかまいません．

a) Que va-t-il faire? [kəvatilfɛːr]
Où allez-vous? [ualevu]

会話はここで

b) Qu'est-ce qu'il va faire? [kɛskilvafɛːr]
Où est-ce que vous allez? [uɛskəvuzale]

あるいは

c) Il va faire quoi? [ilvafɛːrkwa]
Vous allez où? [vuzale u]

となります．b) c) の場合も文尾を上げる必要は特にありません．

EXERCICES （CD37）

1. 1) Il part pour Paris lundi prochain à trois heures.
   2) Elle cherche sa voiture depuis ce matin, mais elle n'arrive pas à la retrouver.
   3) Mon frère n'est pas riche : pourtant il dépense beaucoup d'argent chaque jour.
   4) J'ai rencontré trois capitaines sur la route de Paris.

2. 1) Vous allez bien? – Est-ce que vous allez bien? – Allez-vous bien? – Votre mère va bien? – Est-ce que votre mère va bien? – Votre mère va-t-elle bien?
   Marie est toujours étudiante? – Est-ce que Marie est toujours étudiante? – Marie est-elle toujours étudiante?

   2) Qui est là?
   Qui cherchez-vous? – Qui est-ce que vous cherchez? – Vous cherchez qui?
   Que faites-vous? – Qu'est-ce que vous faites? – Vous faites quoi? Comment allez-vous?
   Où travaille votre frère? – Votre frère travaille où?
   Quand reviendra-t-il? – Il reviendra quand?

イントネーション (2)

1. 強調のアクセント

　ある語を強調したいとき，その語の最初の子音を強調します．しかしその音つづりを強く発音するのではなく，子音を若干ゆっくりと発音します．

　C'est formidable! [sɛ-fɔmidabl] の formidable を強調するならば f の口の形をしたまま若干待って f を発音する．つまり f-f-formidable とするという要領です．impossible ならば [ɛ] の発音をしたあと p の口の形をしてしばらくあとで発音します．もちろん最初の音つづりが強くはなります．リエゾンするときはそのリエゾンで出てくる子音（c'est_épouvantable は t），二つの単語を対比して強調するときは対比される部分を強く発音します．

　Ce n'est pas *un* voile, c'est *une* voile.
　　[sənɛpɑzœ̃vwal, sɛtynvwal]

2. 感嘆文のイントネーション

a) Que, comme など，感嘆のために前につく語がないときはふつうの文を上にあげる調子で発音します．そのとき強調したい語は強調のアクセントをつけます．

　Vous parlez bien! [vuparlebjɛ̃] (*cf.* Vous parlez bien?)
　Vous êtes gentil! [vuzɛtʒɑ̃ti] (*cf.* Vous êtes gentil?)

b) Que, Comme などをつけるとそれを高く発音し，後はふつうにあるいは文尾を高めます．
　Quelle chaleur! [kɛl ʃalœːr!]
　Comme elle est douce! [kɔ-mɛ-lɛdus!]

3. つぎの文のイントネーションを示す記号をよく見てください．

　Il marche. ↘ 　　　　　　　[il marʃ]
　Il marche ↗ lentement. ↘ 　[il marʃ lɑ̃tmɑ̃]
　Françoise ↗ marche vite. ↘ 　[frɑ̃swaz marʃ vit]

　もちろんこういう短い文章ではゆっくりと読む以外にはこれほどはっきりしたイントネーションは出ませんが，それでもこの基本から長い文のイントネーションをつけていくわけです．

Rien dans cette affaire n'est clair. [rjɛ̃dɑ̃sɛtafɛ:rnɛklɛ:r] を分析
してイントネーションをつけてみてください. 意味は「この事件
で何もはっきりしない」

Rien ╱ dans cette affaire ╱ n'est clair.╲
になるわけです.

Dans cette affaire, ╱ rien n'est clair.╲ では rien を強調しない
かぎり上の文ほどはっきりと rien にアクセントがつきません. と
いうことは, 上の文では Rien を強調しています. このようにイン
トネーションでも文を正確に理解していなければきちんとできない
わけです.

EXERCICES CD39

1. C'est fantastique!
   Sensationnel!
   C'est exquis!
   Cela me paraît impensable.
   Quelle surprise!
   C'est vous!
   Rien, tu m'entends?
   Comme il est bête!
   Qu'elle est mignonne!
   Ce qu'elle est bavarde!

2. C'est moi, pas lui.
   Je veux celui-ci, pas celui-là.
   Ce n'est pas votre maison, c'est sa maison.

3. イントネーションの練習としてつぎのような練習もしましょう.

   1)   dans le salon.
   2)   avec ses amis dans le salon.
   3)   après le dîner avec ses amis dans le salon.
   4)   écoute des disques après le dîner avec ses amis dans le salon.
   5) Ma sœur écoute des disques après le dîner avec ses amis dans le salon.

1. Il y a une table.

Il y a une jolie table.

Il y a une jolie table carrée.

Il y a une jolie table carrée depuis avant-hier.

Il y a une jolie table carrée depuis avant-hier dans le salon.

2. Je travaille.

Je travaille dans un bureau.

Je travaille dans un bureau depuis l'année dernière.

Je travaille sous les ordres de M. Dupont.

Je travaille dur sous les ordres de M. Dupont.

Je travaille dur sous les ordres de M. Dupont depuis l'année dernière.

Je travaille dur depuis l'année dernière sous les ordres de M. Dupont que je respecte beaucoup.

Je travaille depuis l'année dernière sous les ordres de M. Dupont que je respecte beaucoup, mais qui n'est pas aimé de mes camarades.

3. Paul est-il à Paris?

Paul est-il à Paris comme étudiant?

Paul est-il à Paris toujours comme étudiant?

Est-ce que Paul est à Paris toujours comme étudiant?

4. Dans la salle à manger, Pierre prend son petit déjeuner.

C'est dans la salle à manger que Pierre prend son petit déjeuner.

Pierre prend son petit déjeuner dans la salle à manger.

Pierre prend son petit déjeuner à huit heures dans la salle à manger.

Où Pierre prend-il son petit déjeuner ?

Quelqu'un vous demande au téléphone.

Qui me demande au téléphone ?

Quelqu'un me demande au téléphone ?

Il y a quelqu'un qui vous demande au téléphone.

5. Je donne ce livre à Marie.

Je vais donner ce livre à Marie.

Je vais donner ce joli livre à Marie.

Je vais donner à Marie ce joli livre illustré.

Je vais donner ce joli livre illustré à Marie qui est si sage.

6. Que c'est beau, cette musique !

Ce qu'elle est belle, cette mélodie !

Elle est très mignonne !

Ce qu'elle est mignonne !

Ce qu'elle est mignonne, votre fille !

7. Travaillez !

Travaillez bien !

Commencez à travailler !

Commencez à travailler, tout de suite !

Commencez tout de suite à travailler !

補遺：いやなつづり字

　フランス語のつづり字は歴史的変遷によって規定されたものが多く，理屈に合わない，あるいはせっかく覚えた規則のままには読めないものがあって困ることがあるでしょう.

　また間違えやすいつづり字というものもありますので，ここで少しまとめておきましょう.

a) -onne, -enne, -anne

　　これらは [ɔn]，[ɛn]，[an]，と鼻母音にはなりません. 特に bon [bɔ̃] の女性形 bonne は [bɔn] で鼻母音がなくなりますから注意すること. ancien [ɑ̃-sjɛ̃] — ancienne [ɑ̃-sjɛn] も同様.

b) imm-, inn- (+ 母音)

　　これらも [imm]，または [inn]，となり [ɛ̃] にはなりません. immobile [im-mɔ-bil] ということです.

　　例外　innocent [i-nɔ-sɑ̃]

c) こまかい問題

　　aiguille [e-gɥij] f.「針」

　　ふつう gui は [gi] と読みますが，この語は aigu [e-gy] から来ているので [e-gɥij] と発音します.

　　examen [ɛg-za-mɛ̃] m.「試験」

　　en は [ɑ̃] になりますが，この場合は，[ɛ̃] です.

　　oignon [ɔɲɔ̃] m.「玉ねぎ」

　　これは日本語でもオニヨン・スープと言うので間違うことも少ないかもしれません.

　　paon [pɑ̃] m.「孔雀」

　　question [kɛstjɔ̃] f.「質問」

　　これは -tion [-sjɔ̃] にならないことは前にも述べました.

EXERCICES CD42

1) immoral, immortel, image, imminent, impossible

2) innombrable, inertie, innocent, indécis, innovation

むすび

　簡単な発音の基礎を勉強しました．最後に大事な点を二，三挙げてみましょう．

1. 今までにも何回か述べましたが「フランス語の構文の理解，意味の把握はよい発音と密接な関係にある」わけです．それゆえ構文の勉強と発音練習とは常に平行させてください．

2. 発音の勉強は「声」を出してやらねば何の意味もありません．
　　発音を聞きながら，あるいは発音記号を見ながら大きい声で言ってみること．自分の発音を録音して正しい発音と比べてみることも大切です．

3. フランス語の文章のリズムを自分で発音しながら，つかまえること．個々の発音も大切ですが，そこにこだわらずに，全体のリズムをつかまえればこれはフランス語の理解につながります．（フランス語では長いリズム・グループが文の後にきます．この感じも全体のリズムについて感覚ができて初めてつかまえられるわけです）．機会あるごとにフランス語の音に接することを忘れないでください．

ATHÉNÉE FRANÇAIS
POUR APPRENDRE
A BIEN PRONONCER

アテネ・フランセ
フランス語の発音

監 修
松本 悦治

著 者
©
福井 芳男

1975年 6月 1日 初版発行
2020年 4月 5日 改訂4刷発行

定価本体 800円 (税別)

発行者 山﨑 雅 昭
印刷所 音羽印刷株式会社
製本所 壺屋製本株式会社

発行所 有限会社 早美出版社

〒198−0046 東京都青梅市日向和田2-379
TEL./ FAX. 0428(27)0995
郵便振替 東京 00160-3-100140

ISBN978-4-86042-094-9 C3085 Y800E
http://www.sobi-shuppansha.com